Hernando Cardozo Luna

LIBRO DE POEMAS

 HCL

Hernando Cardozo Luna

Punta Azul

Derechos de la obra

*"Pero esta dedicatoria es para que la lean los demás:
éstas son palabras privadas que te dirijo en público".*

T.S. Eliot."

PALABRAS DE UN AMIGO

Hernando querido amigo: He estado leyendo y releyendo estas "letras repletas de ti" que con tanta devoción has reunido para el libro PUNTA AZUL, título que seguramente le has escogido por ser "el monumento levantado a la memoria de un instante": Sé que la escogencia de estos poemas no ha sido tarea fácil. Para ti, que eres además de buen amigo y excelente entidad humana, un jurista celoso de la perfección y el equilibrio, la revisión, corrección e incluso reelaboración de estos poemas tiene que haber significado una disciplina distinta, una proyección diferente de ti mismo, un trabajo transparente en la dimensión de los sueños. "Para mi es labor dura", decía Neruda. Y agregaba: "Prefiero no hacer nada a escribir bailables y diversiones". Esta disciplina de la honestidad, siempre presente en todas tus acciones, toma ahora el hermoso curso de la palabra poética. PUNTA AZUL es el primer testimonio de esta silenciosa construcción lírica. Más de medio centenar de puerta o ventanas conducen al laberinto de tus subterráneas obsesiones. Y en la totalidad de la obra está tú, Hernando, autorretratado en cuerpo y alma, con tus amores y tus desesperanzas, con tus dolores y tus alegrías.

Allí conjugas la inquietud por la exploración poética en los Territorios vírgenes de la palabra. Allí redescubres el ritmo futurista en una perspectiva telegráfica o en veros angostos de vena libre o en meditaciones simbólicas o en epigramas donde reinventas la sabiduría. Allí, también, recreas el amor, el cuerpo amado, la piel poseída en alegorías precisas de mar o cielo o lago. Relatas el sonido de los silencios y nos revelas en mágico cantar la soterrada melodía del viento. Tu obsesión por la versatilidad del espacio y por la fugacidad o eternidad del tiempo para crear la imagen, la palabra o el sueño, son el nervio que mueve el aparato silábico de tu poesía. Bueno, Hernando yo también tengo mis obsesiones y una de ellas es la aproximación a la síntesis, pues según la famosa sentencia de Gracián "lo bueno si breve, dos veces bueno". Creo haber logrado Una buena síntesis con mi apreciación de tu bello libro PUNTA AZUL – bueno y breve –. Sólo me resta desear que esta obra tenga la acogida que se merece, es decir, copiosa y circundada de grandes éxitos.

Afectuosamente,

JOSE LUIS DIAZ GRANADOS

"... Si me llamaras, sí,
si me llamaras.
Lo dejaría todo
todo lo tiraría:..."

Pedro Salinas

"... tengo ante mí una catedral..."

José Luis Díaz Granados

CONTENIDO

DESCRIPCIÓN EN BLANCO Y ALMA

El plano blanco que forma la cama toma una dimensión distinta al sentir el relieve de la desnudez de su cuerpo. La noche se detiene por un instante con el único fin de observar aquella figura que ya gozada y satisfecha se entrega al reposo. Su mejilla alargada junto con su pelo claro apenas rozan la superficie mientras los brazos caen sin fuerza alguna sobre el espacio donde termina el piso. Los senos pequeños se acomodan de tal manera que se confunden con el todo sin alterarlo. Su cintura se hunde un poco para crear la sensación de curva en pendiente que el mismo aire prefiere no tocar. Las piernas recostadas una encima de la otra son una sola masa de líneas rectas llegando hasta el borde del mueble. Más es su alma sin punto de referencia lo que me hace amarla.

AMOR

Escuchando el cruap–cruap asocié su tono con el tic–tac de los viejos relojes que dejaban oír el tiempo. Vino también a mi mente el ocioso recuerdo de la pluma mal cerrada en cuya boca se va acumulando el agua con ganas de escapar del torrente represado y espera hasta tener el peso ideal para desprenderse por siempre no importándole que esa fuga la conduzca al suicidio. Encontré también que en el canto de la rana el transcurrir del reloj y la gota de agua se manifiestan de igual manera es decir guardan un intervalo exacto entre cada aparición formando un compás agradable al oído y una sensación de plenitud. No es un ritmo rico entendiendo por ello pluralidad es básicamente monotemático constante unísono siempre igual y por ello bello. El decir de la rana sólo requiere de un intérprete y un escucha. El tic–tac del viejo reloj en el silencio se percata. Y la gota de agua deja su hermosura cuando hace parte del caudal.

¿Será el amor agua que con el tiempo adquiere lecho?

TU

No tiene aire de inquietarse los pasos la trasladan con intervalo siempre igual la voz se amplía a medida que el tema le atrae sus manos de cuando en vez bailan en aire para explicar una idea. Sabe escuchar con sólo una mirada demuestra disgusto o alegría esto último hacer abrir sus labios como flor de primavera. Se dice que es hermosa tal vez lo sea. Cuida el pelo trigo lo más elevado de su anatomía junto con su alma. Sus ojos especialmente claros contrastan con los elementos que agrega a su cara guardando simetría con el resto del cuerpo. Se repite es bella tal vez lo sea.

DIALOGO

A veces la soledad se sienta a conversar.

Nadie se escucha.

MÁS ALLÁ DE TU PELO

Ayer me decías que
deseabas transformar tu pelo
aburrida de tanto
champú y turbinas
que a diario utilizas.
Te propuse hacer de él
una hamaca donde mecer la libertad
o una larga cuerda para escalar Himalayas
quizás un nido en alto árbol
por qué no una inmensa red
hasta una bandera se me ocurrió
mientras mis ojos hacían de peine.

BÉSAME

Unta de tu piel mis dedos
que voy a pintar
las olas, los peces, las algas y los caracoles
también las montañas
donde trepen ardillas y hombres
el espacio volado por mariposas y planetas
los objetos
con sustantivos y adjetivos
pero mi boca
tíñela
con un beso tuyo.

A DIARIO

Te he descubierto
en la piedra de los ríos
la misma de Notre Dame y Miserino
inmensa alta
mirando siempre al cielo.

Te he gozado
entre plumas de ganso y pato
que a cada instante
nos acortan la vida.

Te he vivido
de porcelana y barro
que de día a noche
nos unen a la tierra.

ETERNIDAD

Tú eres
una esfinge atiborrada
de lo que más deseo.

ESCÁNDALO

La luna
está muerta.
La poesía la besa.

NOCTURNO

Si en la noche escuchas croar
— aguarda —

es sola una rana

marcando su territorio.

AFÁN

Nunca más con la misma edad
a tú piel llegaré
porque cuando el tiempo
nos regrese
ya no la tendremos.
Sólo quedará lo que somos
sin su carga.
Omega sin Alfa.

VACÍO

El silencio
refleja tu sombra.

No hay misterio.

HAIKU I

De París llegó una postal
de un lado el mundo
del otro tú.

HAIKU II

Amapola es
tu bajo vientre
mi cuerpo
inquieto colibrí.

HAIKU III

Llegan en primavera tus años
corre campana
a cantar.

HAIKU IV

Que sed siento
cuando veo la mar
calmándola con la lluvia.

LIBERTAD

Ir por el camino
sin rumbo
pisando la hierba
sin que nadie me detenga;
beber el agua del río
colocando las plantas de los pies
sobre las piedras resbalosas;
tomar el fruto
que la rama ofrece;
acompañar las nubes
en su inútil viaje
e imaginar en ellas
lo soñado.
Es lo que deseo.

LO VIVIDO

Un instante sin tiempo e historia
estará ahí por siempre
clavado en la nada
hasta que otro tiempo e historia
lo cuenten para siempre.

EL CONTEMPLADO

¡Ay! Salinas
de qué mar
proviene la caracola
¿qué oídos y manos
te embrujaron?
Que no es el verso
poesía
donde se ve tu alma,
si no el errante péndulo
espacio de la vida.

RONDA

Sé que te levantas temprano
casi con afán
una breve ducha
los niños y un poco de jugo
azul, verde, negro
no escoges vestido
el que primero encuentres
sales, corres, llegas
te preguntan, respondes
piensas, tomas agua
bajas, subes
es medio día
dices no; voy a casa
lees, almuerzas y sales,
te preguntan, respondes,
piensas, tomas agua
arreglas tu cabello
bajas, subes
son más de las seis
regresas.

TU VOZ

¿A qué se me parece?
al rugir del océano embravecido.
¡No!
quizás al silbo helado del viento de la montaña.
¡No!
Será a la sinfonía de la tarde fatigada.
¡No!
Tal vez al arrollo del río naciente.
¡No!
¿A qué será?
No lo sé.
Tu voz se me parece tanto a ti.

TEMOR I

En la única
noche posible:
la mía,
contemplo sin la
ayuda de rosas
de los vientos
el pequeño espacio
de mi universo.

TEMOR II

No hay cometas
ni costelaciones
solo inmensos agujeros negros
a los cuales
no me atrevo a pungir
por temor a encontrarme.

LEJANÍAS

¡Pero cuán lejanos
yacen
los barcos
de papel!

ALMAQUE

Satisfacción matinal
la de poder palpar con las yemas
la corta timbrada
hoja del calendario

Desahogo plácido
desgarrarla tarde
bien tarde
sin importar lo que aún
queda por ser.

A MI HIJO

¿Qué es la lluvia?
preguntó mi hijo
son las nubes
que siempre quieren flotar
y para conseguirlo
arrojan de su vientre
la esencia donde nació la vida.

LUDENS

De la "A" a la "U"
siempre tú

Pero de la "Z" a la "A"
nuca será

Dime entonces qué escribir
alfabeto o vocal

Que da la "U" a la "A"
siempre tú

Y de la "A" a la "Z"
nunca será.

POR QUÉ

Varios dedos sin pasar de cinco
escriben letras
que en las hojas viajan.

Varios ojos sin pasar de dos
las leen y sueñan
sin saber por qué.

POLÍTICA

Un cero a la izquierda no resta
mientras que uno a la derecha suma
pero un verso a la izquierda multiplica
mientras uno a la derecha divide.

AUSENCIA

Qué lejanas playas calzas
sin mi compañía
que las olas
me traen tu huella.

Qué aire lejano respiras
que el viento
me silva
tu nombre al oído.

Qué conversas
sin contarme
que el eco
tu voz me regresa.

A dónde te has ido
que yo te siento
aquí.

PROVISIÓN

Letras repletas de tí
presente escrito en pasado
para cuando no haya memoria
futuro puedan ser.

Pero mi vida
—la tuya—
con recuerdos quiero incendiar
propagándolos en los Alisios
y luego de norte a sur
de oriente a occidente
correr, correr
muy seguro de estar
en
tí.

LA MANO

Mi mano izquierda
la que tiene una argolla
dice que tengo vida corta.
¡Qué buena edad para morir!

DISPARATES

Hoy,
soy el número oculto
del dado.

FIN

Tú y yo
lo sabíamos.

Amarnos así, era una locura.

Yo y tú
con locura
nos amamos.

AUTOR

Hernando Cardozo Luna nació en Bogotá el 30 de septiembre de 1948. Es un prestigioso abogado, doctor en Ciencias Jurídicas y Socioeconómicas, de la Pontificia Universidad Javeriana.

Su obra literaria incluye:

"Punta Azul" (1987) - Su primer libro de poemas, que marcó el inicio de su carrera literaria.

"Sonata en Ti Sostenida" (1989) - Una obra que explora la musicalidad del lenguaje y las emociones humanas.

"Olor a Ti" (1992) - Poemas que evocan los sentidos y la intimidad de las relaciones.

"Tu Boca Pintada" (1993) - Un viaje lírico a través del amor y el deseo.

"El Colibrí en el Mandarino" (1995) - Una colección que combina la naturaleza con la reflexión poética.

"Haiku" (2025) - Su más reciente trabajo literario.

CONTACTO

Si desea obtener más información sobre el autor y/o puede con-
tactarnos al siguiente correo: poesiahcl@gmail.com Escanea el
código QR y contáctenos.

¡Muchas gracias!

Made in the USA
Middletown, DE
25 November 2025